PIÈCES JUSTIFICATIVES.

———⋄———

PREMIÈRE PARTIE.

———

Le 31 décembre 1821 M. le Comte D   ôte à
M. Petit, Inspecteur général des Finances,
la direction du Contrôle au Trésor royal,
place qu'il avait dignement remplie.

L'ancien Ministre des Finances et M. D   lui-
même reconnaissent cette vérité, et cependant celui qui peut tout réparer aggrave en
1824 la situation fâcheuse dans laquelle il a
placé un fonctionnaire intègre et dévoué.
(Voir la seconde partie.)

(Pièce *A*.)

Paris, le 29 décembre 1821.

A S. Exc. Monseigneur le Ministre et Secrétaire d'État des finances.

MONSEIGNEUR,

J'ai appris, hier au soir, avec autant d'étonnement
que de douleur, qu'on avait surpris à Votre Excellence
une décision qui, dans la position délicate où les circon-

1

stances m'ont placé, doit infailliblement porter atteinte
à mon honneur, sans qu'il puisse en résulter aucune espèce d'utilité pour l'Administration.

Ayant rempli, pendant vingt-cinq ans, tous mes devoirs avec le zèle, la probité, la délicatesse et le dévouement d'un homme de bien, j'étais loin de m'attendre à
me voir aussi cruellement maltraité vers la fin de la carrière *que j'ai si honorablement parcourue.*

Comme il est évident qu'on a trompé la religion de
Votre Excellence, soit par de faux rapports, des prétextes
spécieux, où en lui laissant ignorer que je ne pourrais
pas quitter actuellement la Direction du Contrôle sans
être blessé dans ce que j'ai de plus cher, je dois espérer,
Monseigneur, que vous reviendrez sur la décision qu'on
a si méchamment sollicitée, dès que Votre Excellence
connaîtra les motifs qui me font souhaiter de conserver
l'emploi que j'exerce maintenant.

Un quart d'heure suffisant pour les exposer, je vous
supplie, Monseigneur, d'avoir la bonté de me faire appeler lorsque les occupations de Votre Excellence lui per-
mettront de m'entendre.

Je suis avec respect, etc.

Signé PETIT.

(Pièce B.)

Paris, le 30 décembre 1821.

Au Même.

MONSEIGNEUR,

En m'annonçant qu'aucune prévention défavorable ne
vous a porté à me priver des fonctions que j'exerce près

la Caisse centrale du Trésor, Votre Excellence a adouci la peine extrême que m'a fait éprouver la décision dont j'ai été l'objet.

J'ai pu supposer, Monseigneur, que cette décision avait été surprise à la religion de Votre Excellence, puisque les personnes qui ont mis sous vos yeux un réglement dont j'ai signalé les imperfections ont oublié, d'une part, de me désigner à Votre Excellence comme partie compétente pour éclairer la discussion qui aurait dû précéder l'arrêté qu'on lui a fait prendre (discussion qui était naturellement dans mes attributions), et que de l'autre on a omis d'expliquer à Votre Excellence la position dans laquelle me plaçait l'ordonnance du Roi, qui a absous le Caissier central.

Il serait superflu, Monseigneur, que je cherchasse aujourd'hui à démontrer à Votre Excellence que la stabilité dans la place du Chef du Contrôle est préférable à l'amovibilité ; je n'ai même aucun intérêt à le faire, attendu qu'ayant rendu autant de services que ceux de mes collègues qui dirigent aujourd'hui des divisions, j'ai droit à un emploi sédentaire au moins équivalent à celui du Contrôle.

En effet, si Votre Excellence veut bien se faire rendre un compte fidèle et impartial de mes travaux, elle acquerra la preuve que personne, dans la carrière que j'ai parcourue, n'a été chargé de missions tout à la fois plus difficiles et plus pénibles à remplir, et ne s'en est acquitté avec plus de succès.

Avec de pareils titres, Monseigneur, à la bienveillance du gouvernement, il serait doublement rigoureux d'exiger qu'un sexagénaire dont les facultés physiques, usées par de longs travaux, terminât sa pénible carrière sur les grandes routes, qu'il a déjà sillonnées en tout sens pendant plus de vingt ans, surtout lorsque des hommes dans la vigueur de l'âge resteraient dans le sein de l'Administration.

Ces considérations, bien puissantes, ne sont cependant qu'accessoires pour moi, dans la situation délicate où je me trouve placé, et dont il paraît que personne n'a entretenu Votre Excellence.

L'objet majeur qui a motivé ma réclamation tient essentiellement à l'opinion, et il me paraît impossible que celle de tous les comptables de France, et autres fonctionnaires, ne me soit pas contraire, si Votre Excellence, en m'obligeant de quitter l'emploi que j'exerce, ne m'accordait pas une place sédentaire, au moins équivalente.

Ce n'est pas, Monseigneur, au moment même où le caissier responsable vient d'être absous avec autant de solennité, *qu'on doit faire peser le soupçon sur l'agent qui l'a surveillé avec zèle, vigilance et intégrité;* or ce soupçon m'atteindrait inévitablement, si je quittais le contrôle dans cette circonstance, sans obtenir immédiatement un emploi sédentaire, que réclame d'ailleurs et mon âge et l'état de ma santé.

Qu'une réflexion aussi simple et aussi juste n'ait pas été faite par les personnes qui ont rappelé à Votre Excellence l'article 17 du réglement du mois de novembre 1817, c'est ce qui m'étonne, car il est peu de chefs au Ministère qui ne sachent *que je n'ai cessé de signaler les imperfections de ce réglement et de celui qui l'a suivi,* comme on sait aussi que j'ai appelé l'attention de deux de vos prédécesseurs (1) sur plusieurs malversations et infidélités qui pouvaient être impunément commises, et *notamment* sur celles dont le sieur Mathéo s'est rendu coupable, malversations *qui eussent été découvertes dans les premiers mois de sa gestion,* si l'Administration

____

(1) M. le baron D... et M. le baron L..

avait adopté les mesures de précaution que j'avais indiquées, ou qu'elle m'eût investi de l'autorité suffisante pour exercer mes fonctions dans toute leur plénitude, ET TELLES QUE L'ORDONNANCE DU ROI QUI LES A CRÉEES LES INDIQUAIT SUFFISAMMENT.

Dans cet état de choses, Monseigneur, il m'a été très-douloureux, lorsque je croyais mériter des éloges, de me voir implicitement compris dans le nombre des agens surveillans qui s'étaient endormis sur des réglemens défectueux, sans en signaler les imperfections.

Toutefois j'ai dévoré en silence mon mécontentement, par respect pour l'autorité et parce que je ne pouvais pas préjuger qu'il fût dans les choses possibles qu'on plaçât au contrôle, en 1822, une autre personne que moi, attendu que, d'une part, on ne pouvait réparer le tort qu'on m'avait fait, qu'en me laissant dans la place que j'occupe, et que, de l'autre, il était difficile qu'on mît à la tête du contrôle quelqu'un qui eût acquis plus de connaissances, et qui pour le diriger, pût y apporter plus de soins.

Je viens d'exposer à Votre Excellence avec vérité, une partie des raisons qui s'opposent à ce que je reprenne le service actif de l'inspection, auquel d'ailleurs je suis peu propre aujourd'hui : j'espère donc qu'elle voudra bien les apprécier et les accueillir avec une bienveillante justice.

Je suis avec respect, etc.

Signé PETIT.

(6)

(Pièce *C.*)

Paris le 27 janvier 1822.

Au Même.

Éclairer la religion d'un Ministre qui aime la justice et la vérité sur l'intention des hommes qui l'ont surprise en faisant expulser du sein de l'Administration un serviteur fidèle et dévoué au gouvernement du Roi, *et qui a fait preuve de zèle*, c'est mettre l'autorité supérieure en garde contre les suggestions insidieuses et servir la cause de tous les employés.

La note ci incluse a été rédigée dans ce but. Le bordereau qui l'accompagne présente un résumé sommaire des pièces que j'ai fournies à la commission d'enquête , spécialement chargée de constater l'identité du déficit du sieur Mathéo et d'en rechercher l'origine et les causes.

La simple lecture de ce bordereau donnera à Votre Excellence une idée de ce que j'ai vainement tenté pour que le contrôle atteignît le but de son institution, et un examen rapide des pièces qui y sont relatées complètera la preuve que l'Administration *a négligé de prendre les précautions que la prudence commandait* et que j'avais *indiquées*. Je soumettrai ces pièces à Votre Excellence dès qu'elle croira devoir les consulter.

Signé PETIT.

NOTE

Qui peut éclairer la religion du Ministre sur les inten-
tions des personnes qui ont proposé le remplacement
de M. Petit au Contrôle, et qui indique aussi la cause
principale du déficit causé par le sieur Mathéo.

Les commentaires qui se font journellement sur les
causes de mon remplacement au contrôle et les compli-
mens de condoléance que je reçois de beaucoup de
personnes qui croient que le déficit causé par le sieur
Mathéo a motivé ma révocation, me donnent la mesure
de l'effet qu'a produit dans le public et sur l'opinion des
comptables extérieurs, la décision dont j'ai été l'objet.

Cette opinion m'étant défavorable, doit nécessaire-
ment m'affliger; et il m'est également douloureux de
penser qu'un résultat aussi fâcheux pour moi, a pourtant été calculé par l'une des personnes qui ont proposé
à Votre Excellence de me priver de l'emploi que je des-
servais avec zèle, *depuis sa création;* proposition bien
étrange et méchamment insidieuse de la part de celui
ou de ceux qui l'ont faite, sans me prévenir, et dans un
moment où il m'était impossible de prévoir le coup qu'on
voulait me porter.

Dans cet état de choses, il était de mon intérêt de
défendre ma réputation, en exposant dans un mémoire
des FAITS POSITIFS, qui auraient placé sous *leur véritable*
point de vue les hommes qui ont dirigé, et les opérations
de l'Administration du contrôle, et celles de la caisse,
depuis 1817 jusqu'à la fin de 1819.

Un tel mémoire aurait certainement éclairé l'opinion
sur les causes qui ont favorisé les malversations patentes
du sieur Mathéo, ainsi que sur d'autres abus, et il aurait

démontré *jusqu'à l'évidence* que cet ancien Inspecteur-général qui, *seul a voulu les empêcher, et qui seul est exposé au blâme, sans motif et sans nécessité,* méritait pourtant une autre récompense !

Toutefois, Monseigneur, je ne causerai pas un pareil scandale et ce ne sera pas moi qui fournirai des armes aux détracteurs de l'Administration en publiant les fautes qu'on a commises. Les consolations que Votre Excellence m'a données et les promesses qu'elle m'a faites le 30 décembre dernier seront toujours présentes à ma mémoire, et j'en attendrai les effets dans un silence respecteux.

Si la décision qui m'a donné un successeur avait pu procurer un seul avantage à l'Administration, je me serais même interdit toute espèce de réclamations, par la raison que l'intérêt particulier doit toujours céder à l'intérêt général ; mais bien loin d'être de quelque utilité, mon déplacement ne pouvait qu'être préjudiciable au service, surtout au moment où il a eu lieu.

Il me serait facile de prouver cette allégation, mais il me suffira de faire remarquer à Votre Excellence qu'il n'est guère probable que ceux qui lui ont proposé de faire nommer un autre Contrôleur aient facilement cru que ce dernier posséderait même dans quelques mois, des connaissances théoriques et locales qu'il était pourtant essentiel d'avoir acquises, surtout lorsque deux agens principaux de la caisse et du mouvement général des fonds étaient renouvelés ; connaissances que j'avais et que je ne devais qu'à une longue expérience.

Cette expérience, Monseigneur, rien ne saurait la remplacer quand il s'agit de surveiller avec fruit un dépositaire qui compte annuellement de deux millards environ, et auquel des opérations aussi variées qu'elles sont importantes et multipliées, offrent journellement de nouveaux moyens de pouvoir abuser.

Ce n'est pas dans un établissement aussi vaste que l'est le Trésor de France qu'on peut appliquer, sans examen, des maximes générales de surveillance reconnues bonnes par des comptables ordinaires, et ce n'est pas non plus l'amovibilité de l'Inspecteur chargé de cette surveillance, qui donnera une garantie snffisante à l'Administration.

Une pareille garantie ne saurait se trouver que dans une organisation intérieure sagement combinée et de bons réglemens, et c'est peut-être moins par tolérance *que pour avoir été convaincus de cette vérité que vos prédécesseurs m'ont maintenu à la tête du Contrôle.*

Quelle qu'ait été d'ailleurs leur manière de voir sur ce point, la question de savoir s'il était utile et convenable de me donner un successeur n'était pas indifférente, et il semble qu'elle aurait pu sans inconvéniens, être discutée en ma présence par les personnes qui voulaient m'expulser du contrôle et qui, pour parvenir à leurs fins, ont mis sous vos yeux, Monseigneur, l'article *commina-toire d'un réglement tombé en désuétude et reconnu tellement vicieux, que le prédécesseur de Votre Excel-lence a nommé une commission dont j'ai l'honneur d'être membre pour corriger et compléter les statuts imparfaits qui régissent la Caisse et le Contrôle.*

Comme il paraît qu'on vous a laissé ignorer toutes ces choses, et qu'il est vraisemblable qu'on a aussi négligé d'instruire Votre Excellence de ce que j'ai vainement tenté pour monter le Contrôle de manière à empêcher les abus et à rendre très-facile à découvrir le plus léger relâchement dans la surveillance active que je devais exercer, je dois, Monseigneur, mettre sous vos yeux le bordereau des pièces que j'ai fournies à la haute com-mission d'enquête chargée de rechercher les causes qui ont facilité au sieur Mathéo l'enlèvement de la somme considérable qu'il a soustraite au Trésor.

Ces pièces *et les registres du Contrôle démontrent jusqu'à l'évidence que pendant plus de deux ans je n'ai cessé de signaler l'insuffisance du réglement,* et *de réclamer l'autorité qui m'était nécessaire pour exercer dans toute leur plénitude les fonctions créées par l'ordonnance du Roi du 18 novembre 1817,* fonctions *que j'ai dignement remplies,* et que j'aurais exercées avec tout le succès désirable, si le Caissier central ne m'avait opposé une force répulsive, ou d'inertie, et si l'Administration avait adopté les différentes mesures que je lui ai successivement proposées.

Ces mesures, Monseigneur, qui ont été ou rejetées ou indéfiniment ajournées, auraient pourtant préservé les fonds du Trésor, et empêché plusieurs malversations qui ont pu être impunément commises avant la disparition du sieur Mathéo, tant par le Caissier central que par ses subordonnés, s'ils ont voulu abuser.

Je ne joins pas à la présente note les documens mentionnés au bordereau qui l'accompagne, mais je les communiquerai à Votre Excellence dès qu'elle croira devoir les consulter.

Signé PETIT.

(Pièce *D.*)

EXTRAIT

Du Discours improvisé par S. Ex. le Ministre des Fi-
nances, dans la Séance du 2 mars, relativement à la
conduite administrative tenue par l'Inspecteur général
(M. Petit), pendant le temps qu'il a été chargé de la
direction du contrôle au Trésor royal. (Voir le sup-
plément du Moniteur du 4 mars 1822.)

« Mais il est une autre chose sur laquelle je dois m'ex-
« pliquer devant la Chambre : on a jeté des soupçons
« graves sur l'Inspecteur qui a été chargé long-temps de
« l'inspection du Trésor(1); il est d'autant plus de mon
« devoir de répondre à ce qui a été dit à cet égard, que
« moi-même, en parlant il y a quelques jours des pré-
« cautions qui ont été prises depuis le vol Mathéo , j'ai
« compris au nombre de ces précautions le changement
« du mode d'inspection (2). Peut-être aurait-on pu con-
« clure de là qu'il avait pu exister contre l'Inspecteur
« quelque grave sujet de mécontentement. Cet Inspec-
« teur *est exempt de tout reproche :* en plusieurs occa-
« sions *il a signalé des abus relativement à l'affaire*
« *qui nous occupe;* et la résistance qu'on trouve souvent
« dans les administrations, a pu seule empêcher que sa
« surveillance ait été utile : la confiance qu'on mettait
« dans la probité bien connue de M. Piscatory, a été cause
« que *l'on a repoussé* les indications de cet Inspecteur. »

---

(1) N'était-ce pas M. le Comte lui-même qui jetait ces soupçons
en me déplaçant sans motif et contre l'intérêt de l'Administration ?

(2) Pourquoi changer l'Inspecteur, s'il remplissait bien ses devoirs ?

(Pièce *E*.)

EXTRAIT

*Du Discours prononcé le 29 mars 1822, à la Chambre
des Pairs, par M. le Comte Roy, ancien Ministre, en
ce qui pouvait avoir rapport à la gestion de M. Petit,
Inspecteur général des Finances, pendant que cet Inspecteur avait été chargé de la direction du Contrôle
au Trésor royal.*

« Les mêmes réglemens qui, en 1817, ont organisé le
« Trésor, ont en même temps établi un bureau, dirigé
« par un Inspecteur général des finances, spécialement
« chargé de suivre et de contrôler toutes les opérations
« de la Caisse centrale et des sous-Caisses.

« Ce contrôle était et devait être une partie essentielle
« de l'organisation du Trésor; il était la garantie néces-
« saire de l'Administration et celle du Caissier central.

« Des reproches graves paraissaient devoir être faits
« à l'Inspecteur général chargé de la direction des con-
« trôles, s'il n'avait éveillé l'attention du Caissier cen-
« tral par aucun avertissement; ou au Caissier central ,
« si, prévenu, il avait méprisé ou négligé l'avertissement
« qu'il aurait reçu.

« J'ai donc dû rechercher d'abord si l'Inspecteur gé-
« néral s'était conformé aux obligations qui lui avaient
« été imposées.

« Mais je suis bientôt demeuré convaincu qu'il n'é-
« tait coupable d'aucune négligence, qu'il avait rempli
« tous ses devoirs avec zèle et exactitude, que le mal pro-
« venait de l'imperfection même du réglement, et de ce
« que les observations de l'Inspecteur général, lors de la

« formation et de l'organisation du contrôle, n'avaient
« pas été accueillies par l'Administration.

« Il avait en effet représenté que la sous-Caisse des
« espèces, la plus active par sa nature, et la plus sur-
« chargée de détails, exigeait une surveillance particu-
« lière, que le réglement devait mentionner d'une ma-
« nière précise le mode d'après lequel les recettes jour-
« nalières seraient constatées ; que le contrôle serait
« incomplet, si l'Inspecteur général ne recevait pas di-
« rectement des comptables un avis sommaire de leurs
« envois, s'il n'avait pas connaissance des arrivages ; en-
« fin qu'il ne pourrait recueillir et constater utilement
« tout ce qui chargeait le Caissier, qu'autant qu'il au-
« rait une connaissance immédiate des recettes par tout
« autre moyen que la simple déclaration du comptable,
« attendu que, si le Caissier omettait par oubli, erreur
« ou par toute autre cause de ne pas faire cette déclara-
« tion dans ses écritures, le contrôle ignorerait l'omis-
« sion commise.

« Il avait établi un contrôle des arrivages d'espèces,
« et déjà fait imprimer le registre énonçant la date des
« lettres d'avis, le nom des départemens, la date des ar-
« rivées, le montant des envois annoncés, le jour au-
« quel le récépissé avait été expédié.

« Il insistait pour la conservation des écritures telles
« qu'il les avait montées. Il exprimait le désir qu'elles
« fussent examinées, dans leur ensemble, et dans leurs
« détails, pour l'enchaînement des faits qu'elles doivent
« constater, et qu'on ne pouvait rompre sans qu'il pût
« en résulter de graves inconvéniens (1).

« Il demandait même instamment, dans la vue, di -

____

(1) Notes et rapports des 22 décembre 1817, 19 janvier, 1er, 18 et
27 février 1818, faits par M. Petit.

« sait-il, d'assurer sa tranquillité, d'être remplacé, puis-
« qu'on ne voulait mettre à sa disposition que des
« moyens très-insuffisans d'exercer le contrôle qui lui
« était confié (1).

« Le sous-secrétaire d'état dont le zèle pour les inté-
« rêts publics ne peut être méconnu, mais qui a pu se
« tromper, ne donna pas assez de confiance à la longue
« expérience de l'Inspecteur général chargé du contrôle;
« il lui écrivit qu'il n'avait point admis ses observations:
« qu'il venait d'approuver le réglement; qu'il lui pres-
« crivait de s'y conformer exactement; que les disposi-
« tions d'ordre intérieur qu'il avait faites lui paraissaient
« propres à offrir toutes les garanties que le Trésor de-
« vait se procurer contre toute omission ou infidélité (2).

« L'Inspecteur général déclara qu'il se conformait au
« réglement, mais qu'il n'acceptait que par respect des
« fonctions mutilées, et que ce n'était que par obéis-
« sance qu'il supprimerait les écritures qu'il avait mon-
« tées au contrôle, pour y substituer celles dont les
« modèles lui étaient transmis (3).

« Ces faits, que j'ai dû faire connaître, dans l'intérêt
« de la vérité et de la justice, justifieraient pleinement
« l'Inspecteur général chargé de la direction du con-
« trôle. »

Pour copie ou extraits conformes. PETIT.

---

(1) Lettre du 14 mars 1818, au Sous-Secrétaire d'état.

(2) Lettre du 19 mars 1818, écrite par M. le Sous-Secrétaire d'état
à M. Petit.

(3) 19 mars 1818.

SECONDE PARTIE.

***

Le 31 mars 1824 M. le Comte D   prive, sans nécessité, M. Petit de ses fonctions d'Inspecteur général des Finances, et il fait porter cet employé supérieur sur le tableau des fonctionnaires admis à faire valoir leurs droits à une pension de retraite, nonobstant les promesses formelles qui lui avaient été faites, de le pourvoir d'un emploi sédentaire convenable.

(N° Ier.)

COPIE

*De la Lettre écrite au Ministre des Finances par M. le Duc ****

Paris, le 18 janvier 1824.

MONSIEUR LE COMTE,

Les longs et importans services que M. Petit a rendus comme Inspecteur général des Finances, dans la carrière qu'il a si honorablement parcourue; son zèle et son dévouement au gouvernement du Roi, dévouement dont il a donné des preuves multipliées, me déterminèrent, en octobre 1822, à vous recommander cet ancien et bon administrateur, pour qu'il obtînt une place moins pénible et plus à sa convenance que celle qu'il occupait; et Votre Excellence, qui connaissait déjà les titres de

M. Petit, me promit que cet Inspecteur général serait pourvu d'un emploi sédentaire.

Présumant que dans la circonstance présente plusieurs places de finance pourraient, dans le courant de cet hiver, vaquer par mort ou autrement, je viens réclamer de nouveau, Monsieur le Comte, votre bienveillance, pour que M. Petit soit nommé à une des premières disponibles. Récompenser le zèle éprouvé et des services si loyalement rendus étant un acte de justice, j'ose espérer qu'il obtiendra la faveur que je sollicite pour lui, et j'y serai très-sensible.

Signé Duc de ***

N. B. La présente lettre a été remise au Ministre le 22 janvier 1824, par madame la comtesse R... D..., à qui Son Excellence a dit : « M. Petit n'a besoin d'aucune « protection auprès de moi, car ses services sont le meil- « leur appui dont il puisse s'étayer. C'est parce qu'il a « un emploi supérieur qu'il est difficile de le colloquer « convenablement : j'y songe, et je serai heureux *de lui* « *offrir* une place. Lorsque je le pourrai, je n'attendrai « pas qu'il la demande (1). »

(N° 2.)

Lettre de M. Petit au Ministre des Finances.

Paris, le 12 mars 1824.

Monseigneur,

L'année 1824 s'est ouverte bien heureusement pour moi, puisque Votre Excellence a eu la bonté d'assurer à M. le duc de ** et madame R... D... que je serais incessamment pourvu d'un emploi sédentaire convenable, et moins pénible que celui que j'ai exercé pendant si long-temps, *à l'entière satisfaction de l'Administration,*

---

(1) Voir au N° 4 comme Son Excellence a tenu sa promesse.

mais que mon âge, l'état de ma santé et mes forces physiques ne me permettent pas de desservir aujourd'hui
avec l'espoir d'obtenir les mêmes succès que par le
p assé, bien que j'aie toujours le même zèle.

Dans cet état de choses, je viens supplier Votre Excellence de vouloir m'employer à Paris dans mon grade, de
la manière que vous jugerez devoir être la plus utile, ou
de m'y tenir en disponibilité jusqu'à ce que l'espoir que
vous avez bien voulu me donner, ainsi qu'à mes illustres
protecteurs, puisse se réaliser.

De pareilles faveurs ayant été accordées par vos prédécesseurs à deux de mes collègues moins âgés que moi,
je ne crains pas de commettre une indiscrétion en sollicitant auprès de Votre Excellence cette marque de bienveillance, qui, d'ailleurs, ne pourrait donner lieu à aucune réclamation fondée, attendu que je suis le doyen
du corps de l'Inspection, et celui des Inspecteurs généraux qui, ayant le plus voyagé, a aussi dû éprouver le
plus de fatigues.

N. B. Cette lettre a été remise à Son Excellence par
M. le comte de **, à qui le Ministre a dit que je ne voya-
gerais pas, et renouvelé l'assurance qui avait été donnée
à madame R... D..., que je serais placé.

Du 20 *mars* 1824.

Nota. L'on m'avait assuré le 18 courant que la place
de payeur à Lyon pourrait devenir disponible, de sorte
que j'ai été aujourd'hui la demander. Son Excellence
ne m'a pas dit que la place ne dût pas vaquer, mais
bien *qu'elle était trop grosse.*

Je n'ai pu répliquer parce qu'il y avait beaucoup de
monde et qu'on annonça M. le Grand-Chancelier, mais
le même jour j'écrivis la lettre ci-après, que je portai chez

M. le baron P., et que M. le comte D*** se chargea de remettre au ministre, après qu'il en eut pris lecture.

(N.° 3.)

Paris, le 20 mars 1824.

Au Ministre.

Monseigneur,

En lisant les témoignages de contentement aussi nombreux qu'honorables qui m'ont été donnés *par tous les prédécesseurs de Votre Excellence*, j'ai pu croire, sans orgueil, qu'il m'était permis d'aspirer à une place de payeur de première classe, surtout après vingt-cinq années de services actifs très - fatigans, dont trois comme premier commis, et vingt-deux en qualité d'Inspecteur général des finances.

Possesseur comme je le suis de lettres de trois Ministres qui me donnent l'espoir d'être pourvu d'une recette générale, j'avais même cru me renfermer dans des limites approuvées par la modestie en sollicitant une place de payeur.

Si Votre Excellence en a jugé autrement, et que ce jugement soit sans appel (1), il faut bien que je me résigne, et alors j'attendrai avec patience qu'elle veuille bien me colloquer d'une manière convenable.

─────────

(1) Je ne le pense pas, car dans l'ordre hyérarchique les places d'Inspecteurs généraux sont supérieures à celles de Payeurs ; et, en province, il n'est aucune de ces dernières qui (déduction faite des loyers, salaires des commis, pertes par mécomptes, frais de représentation, et autres), puisse laisser *net* une somme supérieure au traitement d'un Inspecteur général, surtout si le Payeur vit avec décence, et qu'il gère avec délicatesse.

Habitué dès l'enfance au travail et à la frugalité, *toute place sédentaire me conviendra, si elle me conserve des droits à la retraite de mon grade actuel, en cas d'infirmités.* Je recevrai donc avec gratitude toutes celles que je pourrai desservir sans déroger.

Je dis sans déroger, parce que n'ayant pas démérité (1), je me dois à moi-même et au corps auquel j'appartiens, de ne pas décheoir tant que je serai valide; comme à cet égard je me repose entièrement sur la justice et la bienveillance de Votre Excellence, je m'abstiendrai de la fatiguer de mes sollicitations, et me bornerai à lui renouveler les assurances du respectueux dévouement avec lequel je suis, etc.

Signé PETIT.

N. B. Cette lettre a été remise le 24 mars au Ministre par le comte D. .., et le 7 avril à 9 heures du soir j'ai reçu la lettre dont copie est ci-après.

(N° 4.)

Paris le 7 avril 1824.

CABINET DU MINISTRE.

A M. Petit.

Prenant en considération, Monsieur, vos bons et anciens services dans la carrière de l'inspection générale des finances, ayant aussi égard au mauvais état de votre santé qui ne vous permet plus de continuer l'exercice

---

(1) Je me dispenserai de faire l'énumération des travaux importans qui m'ont été confiés et que j'ai heureusement terminés.

Je ne citerai pas non plus les missions délicates que j'ai remplies avec succès, les dangers que j'ai bravés pour prévenir des pertes considérables que le Trésor aurait éprouvées, notamment *depuis*

des mêmes fonctions, je vous ai admis à faire valoir vos droits à une pension de retraite à compter du 1ᵉʳ de ce mois.

Je me plais à consigner ici, Monsieur, le témoignage de toute ma satisfaction pour la manière distinguée dont vous avez rempli les vues de l'administration dans les missions importantes qui vous ont été confiées.

Je vous salue, Monsieur, avec attachement,

Le Ministre secrétaire d'État des finances.

Signé JH. DE VILLÈLE.

(N° 5.)

Réponse faite à la Lettre ci-dessus.

Paris, le 8 avril 1824.

MONSEIGNEUR,

Je viens de recevoir la lettre que Votre Excellence m'a fait l'honneur de m'adresser hier, pour me prévenir qu'en récompense de mes bons et anciens services dans la carrière de l'inspection générale des finances, et vu le mauvais état de ma santé, je serais admis à faire valoir mes droits à une pension de retraite à compter du premier de ce mois.

Si j'avais eu l'extrême malheur de ne pas remplir tous les devoirs attachés à mes fonctions, je recevrais

---

1814, parce que je dois croire que Votre Excellence connaît la nature de mes services, et que d'ailleurs je dois penser que tout employé zélé en eût fait autant à ma place.

Je vous rappellerai seulement, Monseigneur, qu'une ordonnance royale, fondée uniquement sur la raison d'état, m'a enlevé (en 1822) le fruit de vingt années d'économie et mon patrimoine, et que saisir une occasion de me dédommager de cette perte, serait à la fois un acte de justice et de bonté.

avec reconnaissance, et à titre de faveur, la retraite qui m'est offerte, et certes je ne balancerais pas un instant à la solliciter, si une infirmité quelconque m'empê-chait d'exercer dignement encore l'emploi que je des-sers, ou toute autre fonction administrative.

Grace à la Providence qui a soutenu mon courage dans les malheurs que j'ai éprouvés (depuis 1821), je suis très en état de rendre de nouveaux services, et je ne demande à Votre Excellence que la faveur d'être mis à l'épreuve ou de subir tel examen qu'elle jugera con-venable.

Il est vrai, cependant, que dans ma lettre du 12 mars, lettre qui vous a été remise par M. le comte de ***, je demandais à être dispensé de voyager cette année, *chose que je n'aurais certainement* pas faite, si je n'a-vais appris que les arrondissemens d'inspections de-vaient être réduits à sept, et si *Votre Excellence ne m'avait pas promis formellement de me placer.*

Il est vrai aussi que, dans cette même lettre, je disais que mon âge et l'état de ma santé me faisaient *craindre* de ne pas desservir mon emploi d'inspecteur avec les mêmes succès, si j'étais mis en tournée; mais certes j'é-tais loin de prévoir que cette modeste défiance de mes forces physiques pût jamais motiver la mesure qu'on a proposée à Votre Excellence, et encore moins que cet aveu de ma part dût être la preuve que je n'étais plus propre au service actif!!!

L'interprétation forcée et défavorable qu'on paraît avoir donnée à ma lettre du 12 mars est trop évidente, et les motifs de mon exclusion trop peu solides pour que je les réfute sérieusement, aussi me bornerai-je à sup-plier Votre Excellence *de rapporter une décision sur-prise à sa religion ou provoquée avec trop de légèreté:* décision QUI M'EST INJURIEUSE, puisqu'elle n'est pas l'effet d'une mesure générale, et qui me prive d'un état que j'ai dignement rempli et que je puis desservir encore, aussi bien que les concurrens qui pourront m'être opposés.

Je suis, etc.

Signé PETIT.

(N° 6.)

Paris, le 9 avril 1824.

Au Ministre.

MONSEIGNEUR,

J'ai parcouru avec honneur et quelques succès la carrière administrative, j'y puis rendre encore des services, puisque je jouis de toutes mes facultés, que mon dévouement au gouvernement est éprouvé, et qu'une longue expérience doit avoir beaucoup ajouté à tout ce que l'étude jointe à l'application m'ont acquis.

Me renvoyer de l'administration que j'ai servie avec tant de zèle, sans une nécessité évidente, serait donc une mesure contraire à ses intérêts, et me donner une retraite définitive, *sans que je l'aie demandée, et lorsque je suis valide,* serait une chose extrêmement rigoureuse et surtout bien extraordinaire, après les assurances positives que Votre Excellence *a récemment données* à plusieurs personnes considérables, auxquelles vous avez promis, Monseigneur, que je serais pourvu d'une place sédentaire à la première occasion favorable.

L'idée que Votre Excellence puisse manquer à un engagement aussi sacré, *puisqu'il est fondé sur la justice,* serait trop criminelle ponr que je puisse m'y arrêter ; aussi suis-je bien persuadé, Monseigneur, que votre intention est de me donner quelque emploi d'un produit équivalent à mon traitement d'Inspecteur général, aussitôt que les droits que j'ai actuellement acquis à une pension auront été constatés.

Toutefois, comme ma franchise et la guerre que j'ai faite aux abus m'ont suscité des ennemis d'autant plus dangereux qu'ils agissent dans l'ombre (1), je viens prier Votre Excellence de me mettre à l'abri de leurs coups, en donnant à ses bureaux (*le bureau particulier*) des ordres tels qu'on ne puisse plus ajourner ou entraver, par des subtilités, des raisons plus spécieuses que solides, ou des paradoxes, les effets de sa bienveillance et de sa justice.

Signé PETIT.

N. B. Le Ministre m'a répondu qu'il fallait bien qu'il organisât l'inspection pour 1824, et que d'ailleurs il faisait liquider ma pension dans mon intérêt, et qu'il me pourvoirait d'un emploi sédentaire.

(N° 7.)

Paris le 12 avril 1824.

A M. de Rainneville.

Une ordonnance rendue définitivement en 1822 (2), nonobstant un avis favorable émis par le conseil contentieux du Ministère des finances, m'a enlevé plus de cent mille francs, c'est-à-dire, tout mon patrimoine et le fruit de mes économies de vingt années. (Voir les trois pièces ci-jointes.) Comme cette ordonnance était motivée sur

---

(1) M. de R...., influencé par les sieurs P... R...., et autres.

(2) Ordonnance royale du 8 mai 1822.

une raison d'état, j'ai supporté avec courage et sans me plaindre une perte aussi énorme. Dans cette même année 1822 une décision ministérielle m'a privé d'une place sédentaire, où j'aurais dû finir mes jours, car je l'avais bien gérée.

J'ai réclamé contre une telle décision, mais je ne l'ai fait que parce qu'elle attaquait ma gestion au Contrôle.

N'ayant pu faire reformer l'arrêté qui m'y donnait un successeur, j'ai souffert avec résignation une disgrace que je n'avais pas méritée, ainsi que deux ministres l'ont publiquement reconnu aux tribunes des deux Chambres.

Après de tels malheurs et vingt-cinq années d'utiles travaux, j'aurais dû, ce me semble, obtenir un emploi sédentaire, et cependant, au moment où je comptais en être pourvu, je reçois la nouvelle officielle que mon traitement d'activité doit cesser à compter du 1er de ce mois, et *qu'en récompense de mes bons et anciens services*, je serai admis à faire valoir mes droits à une pension de retraite, ce qui ne saurait être ni *une récompense* ni *une faveur*, par la raison qu'aucune autorité ne peut légalement rejeter des titres que la législation, mon âge, mes services, et les retenues qu'on a exercées, ont rendus sacrés. Une telle mesure à donc été évidemment surprise à votre religion, Monsieur; et comme elle m'enlève sans motifs suffisans des fonctions que j'ai remplies avec zèle, intelligence et probité, je me crois fondé à accuser ceux qui l'ont provoquée, ou qui, s'ils l'ont pu, ne l'ont pas empêchée, d'avoir induit le Ministre en erreur par votre organe, ou tout au moins d'avoir agi dans une affaire aussi sérieuse avec une légèreté bien répréhensible, puisqu'elle tend à affaiblir le respect qu'on doit aux décisions de l'autorité. En effet, Monsieur, n'a-t-on pas induit le Ministre en erreur quand on lui a dit que j'étais malade, ou inepte au service actif? Ne l'a-t-on pas également induit en erreur quand, sous le prétexte d'organiser l'inspection pour l'année courante, ou de la fortifier, on l'a au contraire affaiblie en marquant du sceau de la réprobation, le doyen de ce corps d'élite, homme expérimenté, dévoué et plein de zèle ? Ne l'a-t-on pas induit en erreur en supposant, sans examen, que ce vétéran de l'inspection était moins propre au travail que ses honorables collègues ?

N'a-t-on pas aussi induit en erreur l'autorité, en ne lui faisant pas remarquer que ma réforme devait affliger et faire trembler pour leur état tous les inspecteurs, même ceux nouvellement promus, par la seule raison que leur promotion, faite à mon détriment et lorsque j'étais valide, violait toutes les règles administratives, étouffait le zèle en détruisant les espérances les plus légitimes ?

Grace au ciel, je jouis encore de toutes mes facultés intellectuelles, et, bien que mes forces physiques aient décliné depuis six ans, il m'en reste encore assez pour remplir tous les devoirs attachés aux fonctions d'Inspecteur général !

C'est en vain que, pour repousser mon accusation, on m'opposerait ma lettre du 12 mars, dans laquelle je dis à Son Excellence que mon âge et l'état de ma santé me faisaient *craindre* de ne pouvoir desservir mon emploi avec les mêmes succès que par le passé; car il ne résulterait nullement de ce modeste aveu que je ne pusse plus voyager, ni rien faire d'utile.

Les personnes qui ont tiré une pareille conséquence savent fort bien que je suis valide, et je vous plains bien sincèrement de les avoir crues sur leur parole, ou d'être influencé par leur insidieuse logique, puisqu'en définitive c'est vous, Monsieur, en votre qualité de chef, qui répondez moralement du préjudice que tant de légèreté ou de partialité peut porter sóit à l'Administration , soit aux individus qui l'ont servie avec zèle.

L'interprétation défavorable et forcée qu'on a donnée à ma lettre du 12 mars sus-relatée est trop évidente , et les motifs de mon exclusion trop peu solides pour que je les réfute sérieusement. La vérité est qu'on a voulu faire trois nominations nouvelles, et que pour ne pas surcharger le corps de l'Inspection et grever son Budjet, on n'a trouvé que l'heureux expédient de faire une victime , et c'est moi qui ai eu l'honneur d'être désigné ? Si on avait tiré au sort cette victime, j'aurais au moins eu quelques chances favorables, mais cela n'aurait pas atteint aussi sûrement le but auquel on voulait arriver ; et comme j'avais supporté les ciseaux en 1822, on a cru que je tendrais bénignement la gorge au couteau en 1824. On s'est trompé.

Je rends cependant graces aux personnes qui ont ouvert un avis aussi charitable et qui ont eu le talent de le faire adopter. Toutefois, comme je n'ai été ni consulté , ni entendu, je dois tout tenter pour faire réformer ou modifier une sentence qui m'est aussi préjudiciable. Et je dois aussi tâcher de prouver que *ce bois d'Inspection qu'on suppose mal à propos vermoulu* est encore sain , d'un bon emploi, et qu'il y aurait autant d'injustice et de méchanceté que d'imprudence si on se butait à vouloir absolument le briser.

Il m'en coûte, Monsieur, de vous prier de vouloir bien concourir à l'utiliser, mais j'ai cru devoir faire encore cette démarche, ne voulant informer aucuns de mes protecteurs de ce qui m'est arrivé, que quand j'aurai acquis la certitude que mes tentatives auront été infructueuses.

Cette lettre traitant de choses fort sérieuses, j'espère qu'elle n'aura pas le sort de toutes celles que je vous ai écrites, et qu'au moins vous voudrez bien m'en accuser réception, puisque c'est le seul moyen qui puisse me donner la certitude que vous l'aurez lue.

J'ai l'honneur Monsieur , etc.

Signé PETIT.

Paris le 19 *avril* 1824.

M. Petit a l'honneur de présenter ses civilités à M. de R... et de le prier de vouloir remettre au porteur les trois pièces qui étaient jointes à sa lettre du 12 courant.

NOTA. Je n'ai pas reçu de réponse , et mes pièces ne m'ont pas été renvoyées.

Du 24 *avril.*

NOTA. Depuis le 19 au 25 avril , j'ai fait quatre démarches pour obtenir une réponse à ma lettre du 12, ou une audience de M. de R..; toutes mes tentatives ont été vaines.

(N° 8.)

Du 25 *avril.*

A M. de Rainneville père.

MONSIEUR,

Je ne devrais pas avoir d'ennemis, parce que j'ai rendu tous les services qui ont dépendu de moi, et que jamais je n'ai fait sciemment de mal à personne , à moins d'une juste et légitime défense.

Cependant, ce que j'éprouve depuis deux années dans le sein d'une administration que j'ai servie avec zèle, me prouve que j'en ai de bien dangereux, jusque dans le bureau particulier de M. le comte de Villèle !

Non contents de m'avoir privé de la direction du contrôle à la fin de 1821, ils viennent de me faire admettre à la retraite, sous le prétexte que j'étais malade et inepte au service actif; bien que je jouisse de toutes mes facultés physiques et morales !

Il est donc évident que la religion du Ministre a été surprise et que quelqu'une des personnes qui entourent M. votre fils, *l'ont indignement trompé*, car au moins aimé-je à le penser; M. de Rainneville ne peut avoir pour moi, qu'il connaît à peine, d'autres sentimens que ceux qu'on cherche à lui inspirer; et bien que je ne dusse être connu de lui que sous les rapports les plus honorables, il me fait cependant éprouver tous les effets d'une haine invétérée !

Je me suis plaint à lui-même, dans une lettre que je lui ai adressée le 12 de ce mois; il ne m'en a pas accusé réception, et bien que je me sois présenté plusieurs fois à la porte de son cabinet, je n'ai pu parvenir jusqu'à lui ! ! !

Un ami de confiance m'avait assuré, il y a huit jours, que M. de R... était revenu de ses injustes préventions, et qu'il avait de bonnes intentions pour moi, je me suis empressé de l'en remercier; mais, ce matin, une autre personne m'a affirmé le contraire, de sorte que je ne sais plus qui croire ou que penser.

Dans cet état de choses, je ne crois pouvoir mieux faire que de m'adresser à vous, Monsieur, pour vous prier de fortifier les bonnes dispositions de monsieur votre fils, si en effet elles me sont favorables, et de le ramener à des sentimens plus justes et plus humains, si elles ne le sont pas.

Vous confier une telle mission, c'est rendre hommage à votre droiture et à votre discernement.

De très-hauts personnages, qui me portent intérêt, se chargeraient de ma cause, mais, à mon âge et à la fin d'une carrière *honorablement parcourue*, il m'en coûterait d'employer d'autres voies que celles des procédés et de la persuasion pour me faire rendre la justice qui m'est due, et *qu'on ne saurait me refuser, dès qu'on connaîtra les titres que j'ai aux bontés du gouvernement.*

J'en mettrai les preuves sous vos yeux, si vous le permettez.

Je suis, etc.   *Signé* PETIT.

(N° 9.)

Du 26 avril 1824.

Réponse de M. de Rainneville père à M. Petit.

Monsieur,

J'ai pris l'invariable résolution de rester absolument étranger à toutes les affaires qui dépendent du ministère des finances : cependant, pour vous obliger, j'ai voulu savoir s'il y avait quelque vérité dans vos présomptions d'intrigues, de haine, de persécutions sourdes contre vous. J'ai pu remarquer que toutes ces suppositions sont dénuées de fondemens.

Je désire que cette connaissance vous satisfasse et vous tranquillise. C'est la seule démarche qu'il me fût possible et convenable de faire.

Je suis, etc.

Signé DE RAINNEVILLE.

Nota. La vérité est cependant que depuis la fin de 1821, j'ai été persécuté sans motif, tout comme je viens d'être mis à la retraite sous les prétextes que j'étais *malade* et inepte à remplir les devoirs d'inspecteur, ce qui est absolument faux : M. de R... fils, qui a proposé ma réforme, le savait bien.

Voilà des effets très-positifs; et s'il n'est pas d'effets sans cause, que penser des assertions de M. de R... père ?

(N° 10.)

Du 3 mai 1824.

Je me suis encore présenté les 27, 29 avril, 1er et 3 mai,
pour voir M. de R..., mais sans succès !

(N° 11.)

Paris le 6 mai 1824.

Réponse de M. de Rainneville fils à M. Petit.

J'ai reçu la lettre que vous m'avez fait l'honneur de
m'écrire relativement à la décision par laquelle vous
avez été admis à faire valoir vos droits à une pension de
retraite.

J'aurai soin, Monsieur, n'en doutez pas, de mettre
cette lettre sous les yeux du Ministre, et de rappeler à Son
Excellence la demande que vous formez d'un emploi de
payeur ou de receveur particulier des finances.

Je joins à la présente, suivant votre desir, les pièces
que vous avez bien voulu me remettre en communication.

Je suis, etc.

Signé ALPH. DE RAINNEVILLE.

N. B. Enfin j'ai reçu un accusé de réception de ma
lettre du 12 avril.

(N° 12.)

Du 28 juin.

Au Ministre.

S'il est vrai, comme on me l'a assuré, qu'il doive y avoir
des changemens dans le personnel de l'administration

entière, je supplie Votre Excellence de m'y colloquer, soit dans mon grade d'inspecteur général, soit comme administrateur.

Privé à la fin de 1821 de mes fonctions au contrôle ; mis à la retraite en 1824, quoique valide et plein de zèle, n'ayant aucune fortune (car en 1822 une ordonnance du Roi m'a débouté d'une créance de plus de cent mille francs), et ne touchant depuis trois mois aucune espèce de traitement ; il est impossible que vous ayez l'intention, Monseigneur, de me laisser plus long-temps dans cette situation , car la justice , ce premier devoir de l'homme d'état et du magistrat, doit vous dire que ma position est bien affligeante et que je ne l'ai pas méritée !

Si à sa voix se joint celle de l'humanité, cette vertu qui honore également le monarque et le citoyen, je dois tout espérer.

Signé PETIT.

(N° 13.)

Paris le 28 juin 1824.

Au Ministre.

Je ne pouvais pas croire, bien que des gens dignes de foi me l'eussent assuré, que j'avais un ennemi dans la personne de M. P..., car il avait fait très-souvent mon éloge jusqu'à la fin de l'année 1817.

En 1818, j'ai soutenu avec *la conviction et la fermeté* d'un homme de bien, que le réglement relatif à l'organisation des caisses et du contrôle était incomplet, vicieux, et que ce contrôle, tel que je voulais l'établir, était préférable à celui projeté ; mon opinion n'a pas prévalu.

Toutefois, l'enlèvement de deux millions, environ, fait par le sieur Mathéo, a prouvé qu'en matière de surveillance, ma longue expérience valait mieux que les théories de M. le commis organisateur, et j'ai acquis la triste certitude qu'il ne m'a pas encore pardonné d'avoir mieux vu que lui.

Dans cet état de choses, la délicatesse devait engager M. P... et ses alliés à se récuser dans toute affaire qui me serait personnelle, ou au moins à n'émettre d'avis défavorable sur moi et mes travaux qu'en ma présence ou contradictoirement. L'ont-ils fait? je l'ignore.

J'ignore également si M. ** ou les personnes qui lui sont dévouées ont concouru aux disgraces que j'ai éprouvées, mais je dois le craindre, parce qu'il n'est pas d'effet sans cause.

En conséquence, je viens supplier Votre Excellence de ne prendre de décision qu'après m'avoir entendu sur les rapports me concernant qui pourraient lui être faits, et à la rédaction desquels MM. P... et R... auraient pu concourir directement ou indirectement.

Je suis, etc.

Signé PETIT.

(N° 14.)

Du 14 juillet.

Au Ministre.

Monseigneur,

Il y a aujourd'hui cent cinq jours que Votre Excellence a ordonné que les droits que je pouvais avoir à une pension de retraite seraient constatés,

J'ai obéi à cet ordre rigoureux le lendemain du jour auquel il m'a été signifié, en déposant au secrétariat-général les titres qui constataient mon âge et mes services.

La liquidation de ma pension est l'ouvrage d'un jour. J'en attends cependant le résultat depuis trois mois et demi, et j'attendrais encore avec patience, si je pouvais attendre.

Comme cela n'est plus possible, je supplie Votre Excellence d'ordonner que le rapport relatif à cette liquidation soit mis sans délai sous vos yeux.

Signé PETIT.

N. B. C'est après avoir écrit plus de cent quatre-vingts pages et fait plus de soixante démarches dans les Bureaux pour la liquidation de ma pension, que je me suis déterminé à écrire cette lettre. Je n'ai pas reçu de réponse.

(N° 15.)

Du 17 Juillet.

J'ai appris hier que le rapport était depuis le 2 du courant chez M. D... *qui le retenait*, et alors j'ai écrit au Ministre la lettre ci-après.

MONSEIGNEUR.

Un quart-d'heure a sans-doute suffi aux personnes qui ont préparé et provoqué ma réforme pour la faire prononcer, et trois mois et demi de démarches presque journalières ne leur paraissent pas suffisants pour établir les droits que je puis avoir à la pension de retraite à laquelle Votre Excellence m'a admis le 1er avril dernier.

Des ennemis seuls qui se croient inviolables peuvent prendre à tâche de persécuter ainsi un fonctionnaire zélé qui a bien rempli tous ses devoirs !

Parmi les personnes estimables qui restent attachées à l'Administration, ne s'en trouvera-t-il pas une assez courageuse pour mettre mes réclamations sous les yeux

3

de Votre Excellence, et pour lui faire remarquer que ceux qui arrêtent ainsi la marche des affaires suffisamment instruites sont encore plus les ennemis du bien public que les miens ? *Signé* PETIT.

(N° 16.)

Du 4 août.

Au Ministre.

Monseigneur,

Le respect que j'ai toujours eu pour les décisions de l'autorité, et ma confiance dans les promesses de Votre Excellence, m'ont imposé le devoir de laisser ignorer à M. le duc De... que j'avais été réformé au moment où je croyais obtenir l'emploi sédentaire qu'il n'avoit sollicité pour moi, que parce qu'il croyait que mes longs services méritaient quelque récompense.

Mon généreux protecteur n'est plus, et cependant j'ose encore invoquer avec confiance, et au nom de ses mânes, la bienveillance de Votre Excellence.

Je suis, etc. *Signé* PETIT.

N. B. Je n'ai pas reçu de réponse.

(N° 17.)

Paris, le 28 août 1824.

Au Ministre.

Je rappelle à Son Excellence la lettre que je lui ai écrite le 4 pour demander à être remis en activité : je supplie Son Excellence de me nommer à une place sédentaire, équivalente à celle qui m'a été ôtée sans nécessité et sans utilité.

Pour copies et extraits conformes,
PETIT.

N. B. Je n'ai reçu ni réponse ni accusé de réception.

TROISIÈME PARTIE.

Témoignages honorables de contentement rendus à M. Petit par tous les Ministres des Finances et du Trésor.

SAVOIR :

Pièce *F* Par LL. EE. M. le Marquis Barbé-Marbois.
  G   le Prince Berthier.
  H   le Duc de Gaète.
  J   le Comte Mollien.
  K   le Baron Louis.
  L   le Comte Corvetto.
  M   le Baron de La Bouillerie.
  N   le Comte Roi , et M. le Comte
                      de Villèle lui-même.

N. B. M. Petit a des témoignages de satisfaction aussi honorables de tous les Généraux de division et des Préfets avec lesquels il a été en relation dans ses missions.

(Pièces *F*.)

S. E. M. le Marquis Barbé-Marbois, Ministre du Trésor public.

Paris, le 3 germinal an 10.

(COPIE.)

Le Ministre de la Guerre, au Ministre du Trésor public.

Je reçois à l'instant votre lettre du 2 germinal, mon cher collègue. La fermeté, la délicatesse et les talens de

5.

l'Inspecteur que vous me désignez (1), *étant aussi honorablement garantis par vous*, rempliront parfaitement mes intentions. Je vous prie de lui mander de venir à Paris sans délai.

Signé ALEX. BERTHIER.

Paris, le 14 floréal an 9.

(EXTRAIT.)

Le Ministre du Trésor, à M. Petit.

.... Je ne doute pas que votre concours pour l'organisation du service de la Trésorerie dans le Piémont n'eût été utile. Mon choix était fait lorsque votre lettre m'est parvenue, et je n'ai aucune raison pour le changer. Je ne puis donc vous appeler aux fonctions que vous désirez, mais *je profite de cette occasion pour vous témoigner ma satisfaction sur la manière dont vous remplissez celles qui vous sont confiées.*

Signé BARBÉ-MARBOIS.

Paris, le 17 floréal an 9.

(EXTRAIT.)

A M. Petit, à Lille.

« J'ai reçu la lettre que vous m'avez écrite le 11 du
« courant, par laquelle vous m'informez des mesures

------

(1) Cet Inspecteur était M. Petit, alors en mission à Châlons, et qui, certes, ne se doutait guère qu'il fût destiné à diriger l'une des divisions des bureaux de la guerre.

A cette époque, et depuis, jusqu'à la fin de l'année 1821, les Ministres ont cherché à appeler auprès d'eux les hommes fermes, intègres et laborieux ; l'administration actuelle en a beaucoup renvoyé sans motifs d'utilité publique.

« que vous avez prises pour faire réintégrer dans la
« caisse du payeur à Dunkerque, *les 50,000 francs fai-*
« *sant partie du vol fait il y a dix-huit mois, envi-*
« *ron*, chez le préposé de ce payeur à Gravelines.

« J'approuve ces mesures ; elles sont une nouvelle
« preuve *du zèle avec lequel vous remplissez les fonc-*
« *tions qni vous sont confiées.* »

Signé **BARBÉ-MARBOIS.**

Paris, le 23 floréal an 9.

(EXTRAIT.)

A M. Petit.

.... J'éprouve une satisfaction particulière à vous
apprendre que je viens de vous nommer à la place d'Inspecteur général du Trésor Public.....

Je suis persuadé qu'à l'avenir je *n'aurai que des
comptes favorables à rendre au gouvernement, ainsi
que je l'ai fait par le passé, de votre zèle, de votre activité et de l'utilité de vos travaux.*

Signé **BARBÉ-MARBOIS.**

Paris, le 12 fructidor an 9.

(EXTRAIT.)

A M. Petit, à Lille.

Ce travail est une *preuve de votre zèle et de votre
désir de répondre à la confiance que l'administration
vous accorde :* je suis satisfait de vos efforts, et je vous
invite à me soumettre les remarques utiles au service
que la nature de vos fonctions vous mettra à même de
faire.

Signé **BARBÉ-MARBOIS.**

Paris, le 12 fructidor an 12.

(EXTRAIT.)

A M. Petit.

.... Si je suis consulté relativement à la demande que vous avez formée au ministère des finances (1), je ferai connaître *que, pendant la durée de vos fonctions dans mon ministère, il ne m'est revenu que des témoignages favorables touchant votre conduite.*

Signé **BARBÉ-MARBOIS.**

(Pièces *G.*)

Paris, le 24 brumaire an 12.

(EXTRAIT.)

S. E. le Prince Berthier, Ministre de la Guerre.

.... Le citoyen Petit a servi avec zèle, probité et désintéressement.....

Le citoyen Petit, qui m'a été donné par le Ministre Barbé-Marbois, a beaucoup contribué depuis qu'il est dans mes bureaux *à y retablir l'ordre* et à terminer l'arriéré de la comptabilité ; je n'ai que des éloges à donner à sa conduite.

Signé ALEX. **BERTHIER.**

N. B. L'extrait ci-dessus d'un rapport fait au gouvernement en faveur de M. Petit, par le Ministre de la guerre, prouve qu'il a tenu les promesses que le Ministre du Trésor avait faites le 2 germinal an 10.

---

(1) La demande d'une Recette générale des finances, faite par le Ministre de la Guerre le 27 messidor. ,

Paris, le 27 messidor an 12.

(COPIE.)

Le Ministre de la Guerre, à S. E. le Ministre des Finances.

J'adresse à Votre Excellence un mémoire de M. Petit, ancien chef de division à la guerre, qui demande une place de Receveur général de département. Il joint à son mémoire plusieurs pièces qui prouvent qu'il a déjà rempli des fonctions analogues avec beaucoup de zèle et d'intelligence. J'ajouterai que, pendant tout le temps qu'il a été chargé de la division des fonds de mon ministère, j'ai eu les mêmes témoignages à rendre de sa conduite.

Signé ALEX. BERTHIER.

N. B. M. Petit a beaucoup d'autres témoignages honorables du Ministre de la guerre, tous postérieurs à sa sortie des bureaux de ce ministère, où il dirigeait une division.

(Pièces *H.*)

Paris, le 28 floréal an 8.

(EXTRAIT.)

S. E. le Duc de Gaëte, Ministre des Finances, à M. Petit.

.... Je saisis avec plaisir cette occasion de vous féliciter du zèle avec lequel vous remplissez votre mission ; le gouvernement attache un juste intérêt à l'exécution de l'arrêté du 22 ventôse, et je me ferai un devoir de lui signaler ceux qui comme vous y portent sollicitude et dévouement.

Signé GANDIN.

EXTRAIT

D'un Rapport et Projet d'arrêté présenté au gouvernement en faveur de M. Petit, le 3 nivôse an 12 ; par S. E. le Ministre des Finances.

L'arrêté du 8 vendémiaire an 12, porte que la somme de deux millions de domaines réservés dans les états de Parme, sera répartie aux militaires et autres personnes, qui, ayant souffert dans leur fortune par l'effet des lois rendues pendant la révolution, seront jugées susceptibles de participer à ces indemnités.

La lettre et l'esprit de cet arrêté ne semblent pas s'opposer à ce que ses dispositions soient appliquées *au citoyen Petit, qui sous tous les rapports paraît mériter des égards particuliers.*

J'ai en conséquence l'honneur de soumettre au gouvernement le projet d'arrêté ci joint.

ART. I.

Il est accordé au citoyen Jean François Petit, chef de division au ministère de la guerre, une somme de 98, 009 fr. 2 s. 3 d. pour l'indemniser des pertes qu'il a éprouvées pendant le cours de la révolution, et notamment par le fait de son éviction d'un domaine qu'il avait acquis dans les états du pape (1).

ART. II.

Cette indemnité sera acquittée par la cession qui lui sera faite d'un domaine de pareille valeur, mis en réserve dans les états de Parme, par l'arrêté du 8 vendémiaire dernier.

Signé le duc de GAETE.

---

(1) Ce domaine avait été acquis et payé par M. Petit au gouvernement français, avec *clause expresse de garantie en cas de déviction.* M. Petit n'a rien reçu, parce que les domaines réservés dans les états de Parme ont été donnés en gratification à des généraux.

Paris, le 12 thermidor an 12.

(EXTRAIT.)

Le Ministre des Finances, au Ministre de la Guerre.

. . . .

J'ai fait porter M. Petit sur la liste des candidats que je mets sous les yeux de l'empereur.

Lorsqu'il y aura une de ces places vacantes (une recette générale) je me ferai un plaisir *de faire valoir auprès de S. M. les titres de M. Petit,* et l'intérêt que Votre Excellence y prend.

Signé LE DUC DE GAETE.

Paris, le 25 mars 1806.

(EXTRAIT.)

A M. Petit, Inspecteur général, à Parme.

Le Ministre vous propose à S. M. pour remplir la place de receveur-général des États de Parme, et le travail sera soumis demain à l'empereur.

Signé AMABERT, *secrétaire-général.*

Du 28 mars.

Malgré toute la bienveillance que le ministre a manifestée pour vous dans son rapport à S. M., l'empereur a nommé hier M. Pepin Castellinard, beau-frère du général M***, à la place du receveur-général des États de Parme. Recevez mes sincères regrets.

Signé AMABERT, *secrétaire-général.*

N. B. Le même jour du travail, le général M*** est venu demander à Bonaparte la recette générale de Parme.

J'étais le seul candidat présenté. Le consul a mis sur le rapport : « Je nomme P***, beau-frère du général « M***, qui a eu le bras emporté à la bataille d'Aboukir. »

(Pièces *J.*)

(EXTRAIT.)

S. E. M. le Comte Mollien, Ministre du Trésor public, à M. Petit, à Parme.

Je vous préviens, monsieur, que Son Excellence a décidé le 5 de ce mois que votre traitement de 9,000 fr. serait porté à 12,000 fr. pendant votre séjour à Parme ou en Italie. Il m'est agréable d'avoir à vous transmettre ce nouveau témoignage de la bienveillance du ministre.

Signé LAQUIANTE.

Paris, *le* 20 *février* 1808.

(EXTRAIT.)

Le Ministre du Trésor, à M. Petit, à Bayonne.

Je ne puis que vous témoigner satisfaction entière sur ce que vous avez fait dans le cours de cette mission. Je me propose de vous rapprocher incessamment de Paris, suivant le désir qne vous m'en avez témoigné.

Signé MOLLIEN.

Paris, *le* 9 *juin* 1808.

(EXTRAIT.)

Le même au même.

Je me fais un plaisir de vous dire que je ne me suis pas mépris sur vos motifs; je leur rends toute la justice qui leur est due, et j'apprécie leur droiture.

Je désire que vos travaux, dont j'aime à reconnaître

l'utilité, ne nuisent pas à votre santé ; et j'apprends avec peine le dérangement qu'elle éprouve : je vous recommande de regarder aussi comme un de vos devoirs envers moi les soins que vous lui donnerez.

Signé MOLLIEN.

(Pièces *K.*)

Paris le 30 juillet 1814.

(EXTRAIT.)

S. E. M. le Baron Louis, à M. Petit, Inspecteur général.

Je vous adresse, monsieur, une ampliation d'un arrêt du conseil du Roi, du 29 juillet, portant création à Bordeaux d'une commission spéciale, etc.

S. M. vous nomme l'un des membres de cette commission.

Je me félicite d'avoir à vous transmettre ce témoignage de la confiance du Roi.

Signé LE BARON LOUIS.

Paris le 12 août 1814.

(COPIE.)

Le même au même.

J'ai rendu compte au Roi, monsieur, des preuves distinguées de votre zèle pour son service.

S. M. a daigné m'en témoigner sa satisfaction, et pour donner plus d'évidence à ce témoignage, elle vous nomme chevalier de la Légion-d'Honneur ; j'en joins ici le brevet.

J'ai grand plaisir à vous annoncer cette grace, et à vous renouveler les sentimens d'attachement dus aux qualités qui vous l'ont fait mériter.

Signé LE BARON **LOUIS.**

Paris le 21 août 1815.

(EXTRAIT.)

Le même, à M. Petit, à La Rochelle

. . . . *En cette occasion, comme dans toutes les circonstances difficiles où vous avez été placé, j'ai reconnu que vos conseils étaient dictés par la prudence, et que le trésor ne pouvait confier ses intérêts en des mains plus habiles,* etc.

Signé le Ministre et secrétaire d'état des finances. LE BARON **LOUIS.**

Paris le 14 août 1815.

(EXTRAIT.)

Le même, à M. Petit, à La Rochelle.

. . . . . . Vous avez pris de très-bonnes mesures pour prévenir les pertes que pourrait faire le trésor et ménager ses ressources. Je ne puis que vous témoigner ma satisfaction entière. J'approuve toutes les dispositions dont vous me donnez connaissance, etc.

Signé le Ministre secrétaire d'Etat des finances.
LE BARON **LOUIS.**

Du 21 septembre 1815.

(EXTRAIT.)

Rapport.

« Votre Excellence ayant manifesté l'intention de récompenser le zèle, l'intelligence et l'activité que plusieurs

inspecteurs des finances ont déployé dans les circonstances extraordinaires qui viennent de se passer, je m'em-
presse de lui désigner ceux qui ont rendu les meilleurs
services au Trésor et dont les soins ont eu *le plus de
succès.*

« Je mettrai au premier rang des inspecteurs dignes
d'être présentés à Votre Excellence, M. Petit, qui, étant
pour ainsi dire livré à lui-même, sans direction, a mis
à profit tout ce qu'une longue expérience et une capacité
rare lui ont dicté pour activer ou ralentir la rentrée des
contributions, diriger les comptables et conserver au
Trésor les fonds publics (1) *et rétablir l'ordre dans les
paiemens.* Si Votre Excellence lui donne une récompense proportionnée à ses peines et à son mérite, j'estime
qu'elle ne peut-être au-dessous de f.... etc. »

Signé G. DAUDIFFRET.

Approuvé, signé LE BARON LOUIS.

Paris le 26 septembre 1815.

(EXTRAIT.)

A M Petit.

. . . . Je désire, en vous adressant le rapport présenté, le 21 de ce mois, quevous trouviez à la fois dans la
décision de Son Excellence, un nouveau témoignage de
sa bienveillance pour vous, et la preuve qu'elle apprécie
le zèle que vous avez toujours déployé dans l'exercice de
vos fonctions et *principalement pendant les trois mois
qui viennent de s'écouler.* *Signé* G. DAUDIFFRET.

---

(1) Pendant l'occupation , M. Petit a sauvé plus de *dix millions*
au Trésor, et ce n'a pas été sans avoir couru de grands dangers.

(Pièces *L.*)

Paris le 16 octobre 1815.

(EXTRAIT.)

S. E. M. le Comte Corvetto, Ministre des Finances, à M. Petit, à Nantes.

. . . . Les renseignemens que vous me transmettez, attestent de nouveau le zèle et les soins éclairés que vous apportez à rendre aux diverses parties du service, l'activité et la régularité dont elles sont susceptibles dans les départemens qui composent votre arrondissement d'inspection.

J'applaudis à toutes les mesures que vous avez prises vous même, et indiquées pour écarter les obstacles nombreux et compliqués qui arrêtaient les recouvremens. Déjà vos efforts et ceux de vos collaborateurs ont été suivis de résultats très-avantageux. Je ne puis que vous engager à continuer d'éclairer le Ministère avec le même soin.

Signé le Ministre secrétaire d'État des finances.

LE COMTE CORVETTO.

Paris, le 4 mars 1816.

(EXTRAIT.)

Le même, à M. Petit.

. . . . . . Je remarque que vous avez porté votre attention sur tous les objets qui en étaient dignes ; que par votre zèle éclairé, et des *efforts constans*, vous avez applanis de grands obstacles et obtenu des résultats avantageux ; que vous savez *connaître et juger* les causes qui entravent le service, etc...

Je ne puis qu'approuver les dispositions que vous avez faites, etc.

Signé le Ministre secrétaire d'État des finances.

LE COMTE CORVETTO.

N. B. M. Petit possède plus de cent lettres des diffé_
rens Ministres, qui renferment des témoignages de contentement aussi honorables que ceux ci-dessus transcrits.

(Pièce *M.*)

Paris, le 30 novembre 1818.

M. le Baron de La Bouillerie, Sous-Secrétaire d'état des Finances, à M. Petit.

. . . . *Le zèle éclairé que vous avez montré dans l'organisation et la direction de ce service* (le contrôle), *n'a point échappé à mon attention, monsieur, et si pour prononcer sur la question présentée dans votre lettre, je n'avais à considérer que la manière dont vous avez rempli vos devoirs, soit dans cette partie de l'administration, soit dans l'inspection des finances, je n'hésiterais point à satisfaire le désir que vous me témoignez,* et à laisser confié à vos soins le contrôle de la caisse centrale, etc.

. . . . Je regrette de ne pouvoir vous donner *cette preuve particulière de la satisfaction du Ministère pour les services que vous avez rendus,* etc.

Signé DE LA BOUILLERIE.

(Pièces *N.*)

Paris, le 10 janvier 1822.

S. E. M. le Comte de Villèle, Ministre et Secrétaire d'état des Finances, à M. Petit.

J'ai sous les yeux, monsieur, les demandes que vous avez adressées à différentes époques, au ministère, à l'effet d'obtenir un emploi de receveur-général des finances. *J'aurais beaucoup de plaisir à répondre à vos vœux et à reconnaître ainsi vos anciens et utiles services dans l'administration. J'en saisirai les moyens avec empressement.*

Recevez l'assurance de mon bien sincère attachement.

Le Ministre et secrétaire d'Etat des finances,
Signé Jʰ. Dᴇ VILLÈLE.

Paris, le 7 avril 1824.

(COPIE.)

Le même, à M. Petit.

Prenant en considération, monsieur, *vos bons et anciens services dans la carrière de l'inspection générale des finances,* et ayant aussi égard au mauvais état de votre santé, qui ne vous permet plus de continuer l'exercice des mêmes fonctions (1), je vous ai admis à faire valoir vos droits à une pension de retraite, à compter du 1ᵉʳ de ce mois.

Je me plais à consigner ici, monsieur, le témoignage de toute ma satisfaction pour la manière distinguée dont vous avez rempli les vues de l'administration dans les missions importantes qui vous ont été confiées.

Le Ministre et secrétaire d'Etat des finances,
Signé Jʰ. Dᴇ VILLÈLE.

Pour copies et extraits conformes,
PETIT.

(1) M. de R.... et S. E. savaient parfaitement que je n'étais pas malade , et que j'étais encore apte a remplir les devoirs attachés à mes fonctions.

Paris , Imprimerie de Gaultier-Laguionie , rue de Grenelle-Saint-Honoré , hôtel des Fermes.